ELECTIONS MUNICIPALES LYONNAISES

LA VICTOIRE
DE
LA BOURGEOISIE

SES CAUSES

PRIX : 50 CENTIMES

LYON
TYPOGRAPHIE ET LITHOGRAPHIE BEAU JEUNE & Cie
RUE DE LA PYRAMIDE, 3

1881

ELECTIONS MUNICIPALES LYONNAISES

LA VICTOIRE

DE LA

BOURGEOISIE

SES CAUSES

Prix : 50 Centimes

LYON
IMPRIMERIE BEAU JEUNE & Cie
RUE DE LA PYRAMIDE, 3

1881

ÉLECTIONS NUNICIPALES LYONNAISES

LA VICTOIRE

DE

LA BOURGEOISIE

SES CAUSES

Avant le scrutin du 9 janvier, les républicains socialistes lyonnais n'avaient pas l'ombre de doute sur leur défaite. En effet, ils avaient contre eux les collectivistes prêchant l'abstention, effrayant les esprits craintifs ; ils avaient contre eux le Comité central qui, pour mieux tromper les électeurs, cachait honteusement son drapeau opportuniste et volait le programme du Comité de l'Alliance, qu'il affichait audacieusement et effrontément sur tous nos murs, après l'avoir fait signer par ses candidats. Enfin ils avaient contre eux tous nos journaux préfectoraux et opportunistes, évoquant le spectre noir et déversant sur leurs adversaires les calomnies les plus ignobles, les plus infâmes.

Les républicains socialistes n'ont donc éprouvé aucune déception, leur confiance dans une revanche prochaine et victorieuse reste absolue.

PROGRAMME RÉPUBLICAIN SOCIALISTE

Le 9 janvier, le Comité de l'Alliance républicaine et les commissions électorales des Travailleurs républicains socialistes affichaient sur nos murs le programme suivant, signé par leurs candidats au Conseil municipal :

« ARTICLE PREMIER. — Économie rigoureuse dans les dépenses. Suppression des sinécures. Réduction des gros traitements. Ajournement des travaux publics, qui ne sont pas directement utiles à la classe ouvrière. Abandon du projet de construction d'un palais préfectoral.

« ART. 2. — Suppression de l'octroi, impôt immoral. Étude immédiate des moyens de le remplacer.

« ART. 3. — Autonomie complète de la commune. Droit absolu du Conseil sur ses dépenses.

« ART. 4. — Instruction gratuite à tous les degrés, après concours, et laïque non seulement dans le personnel, mais aussi dans le programme d'enseignement ; enfin, obligatoire au premier degré. Etablissement de cours de gymnastique dans les écoles primaires.

« ART. 5. — Application de la loi de 1874, donnant le droit aux Conseils de faire enseigner les premières notions des métiers.

« ART. 6. — Suppression de subventions aux Sociétés de luxe, et rejet de tout crédit ayant un caractère religieux.

« ART. 7. — Application de la loi de 1848, donnant le droit de remettre des travaux aux associations ouvrières et les dispensant de fournir caution. — Le Conseil, pour les travaux publics, ne devra admettre que les adjudicataires acceptant la durée de travail et les prix des Chambres syndicales ou Associations coopératives.

« ART. 8. — Interdiction absolue et rigoureuse des manifestations extérieures des cultes.

« Art. 9. — Réclamer :

« La réforme du Mont-de-Piété ;

« La sécularisation du personnel des hôpitaux et hospices ;

« La création d'asiles pour les invalides du travail ;

« L'achèvement de la construction des groupes scolaires dans tous les quartiers ;

« La création d'asiles de nuit pour les citoyens sans travail ;

« L'abolition du cumul des emplois et fonctions ;

« La rétribution de toutes les fonctions électives ;

« La publicité des séances du Conseil.

« Art. 10. — Exiger, de l'Administration municipale, de soumettre au Conseil le projet du budget, au moins six mois avant le commencement de son exercice.

« Art. 11. — Lors des élections sénatoriales, demander la révision de la Constitution et la suppression du Sénat.

« Art. 12. — Déposer, entre les mains de la Commission électorale, une lettre de démission datée en blanc.

« Art. 13. — Enfin, après chaque session ordinaire du Conseil, venir rendre compte auprès des électeurs, en réunion publique, de la façon dont on a rempli son mandat. »

Les conseillers municipaux, élus en 1878, avaient déjà signé ce mandat, qui n'a été que très peu modifié pour nos dernières élections municipales. Presque tous le violèrent audacieusement. Ces renégats ont été reportés par le Comité central et ont repris leur place au Conseil municipal. Quatre de ceux qui le soutinrent énergiquement, vaillamment, mais toujours sans succès, pendant trois ans, ont été reportés candidats par le Comité de l'Alliance et les commissions électorales des Travailleurs. Tous les quatre ont été combattus par les journaux de la préfecture et par le Comité central : Un seul, le citoyen Monceau, a été réélu.

Comme nous le montrerons plus loin, il est certain, maintenant, que ce programme, repris hypocritement et traîtreusement par nos conservateurs bourgeois, sera indéfiniment ajourné et que l'argent des contribuables sera, comme par le passé, exclusivement mis au service de la classe dirigeante,

Nos libertés communales et toutes les améliorations qui en découlent attendront, comme disent les grands prêtres de l'opportunisme **scientifique, « que la méthode progressive et positive en amène l'éclosion régulière et naturelle. »**

PROGRAMME DU COMITÉ CENTRAL BOURGEOIS

Le programme du Comité central est double. Le premier est le programme opportuniste. On le cache avec le plus grand soin, mais c'est celui dont on se servira exclusivement pour la mise en pratique des théories bourgeoises : c'est l'aplatissement, la servitude de la commune devant le pouvoir central ; le maintien de tous les impôts iniques, énormes, qui pèsent sur les travailleurs ; ce sont les folles dépenses pour les constructions servant exclusivement aux plaisirs, aux affaires, à l'instruction des enfants de la classe bourgeoise ; ce sont les subventions aux œuvres cléricales, à la police générale ; c'est le désordre dans nos services municipaux, peuplés de créatures du Comité central ; ce sont nos institutions municipales livrées aux cléricaux-monarchistes.

Voilà le programme qu'on a eu honte d'afficher et que va suivre à la lettre notre nouveau Conseil municipal. Nous en avons pour garant les trahisons passées du Comité central bourgeois et de la plupart des candidats qu'il a patronnés. Un avenir prochain, d'ailleurs, démontrera, comme il l'a déjà démontré avec évidence, la vérité absolue de ce que nous avançons.

Le deuxième programme, le programme socialiste, radical, républicain, celui qui sert à maintenir à la tête de notre administration communale les coureurs de places et les intrigants, et à en éloigner les hommes de progrès, dévoués à la chose publique : c'est celui que le Comité bourgeois a volé au Comité de l'Alliance républicaine ; c'est celui qu'il a affiché impudemment sur tous nos murs, pour donner le change à la masse électorale et la tromper indignement ; c'est celui que, demain, ses candidats trahiront effrontément.

En effet, le 9 janvier, on lisait sur les affiches du Comité central bourgeois : « Dans quelques jours notre Mairie centrale sera installée. Cette mesure réparatrice rendra notre cité à elle-même et nous restituera un *droit trop longtemps méconnu.* » MM. les conseillers useront-ils de ce droit trop longtemps méconnu ? En exigeront-ils l'application entière, absolue ? Vont-ils, dès le mois de février, dans leur session ordinaire, demander que l'Assemblée législative vote la publicité de leurs séances ? Créeront-ils un service sténographique pour renseigner complètement et rapidement la population sur leurs délibérations ? Réclameront-ils que le service de la police générale rentre dans leurs attributions ? Exigeront-ils que le Conseil général déménage immédiatement de notre Hôtel-de-Ville, où il est installé contre toute justice ?

On lisait sur ces affiches : nos Conseillers « feront *immédiatement* et *avec rapidité* des *économies* dans nos finances ; ils continueront l'*extension* et la *laicisation* de l'enseignement ; ils *détruiront* l'influence cléricale et prépareront un prompt *dégrèvement* des taxes et la **suppression de l'octroi.** »

Toutes ces assertions sont des mensonges. Toutes les folles dépenses votées par notre dernier Conseil seront maintenues par le nouveau. Les constructions exclusivement réservées aux besoins de la classe dirigeante : telles que celle d'un pont pour la Faculté de médecine, le transfèrement de la Faculté des sciences, de Droit, les constructions d'un muséum, etc., etc., seront continuées.

Oui, l'extension de l'enseignement sera poursuivi avec vigueur ; mais ce sera l'extension de l'enseignement exclusivement bourgeois. En revanche, les groupes scolaires, les asiles de nuit pour les malheureux sans travail, les asiles pour les invalides du travail resteront à l'état de projet.

Le cumul des emplois, les gros traitements, les subventions aux sociétés de luxe tiendront toujours une large place dans notre budget communal.

Les subventions religieuses, qu'elles s'appliquent aux personnes comme aux édifices ; les surtaxes de l'octroi seront maintenues.

Bien plus, le *programme-affiche* du Central bourgeois enjoint à ses délégués de **supprimer** l'octroi ! Comme si tous ces farceurs du Comité central ne savaient pas que le Conseil municipal ne peut que remanier certains tarifs de l'octroi et doit seulement étudier et proposer au gouvernement les moyens de les supprimer !

L'emploi des crédits affectés aux travaux publics ne sera pas plus surveillé qu'il l'a, jadis, été, et les tripotages, les malversations, les dilapidations pourront encore avoir de beaux jours.

Il y a quelques jours, un nouveau conseiller, interrogé sur l'application de ce fameux programme-affiche des socialistes, disait qu'on s'en servirait pour s'essuyer... les yeux. Nous ne tarderons pas à voir réalisées les appréciations de cet ordurier. Au lieu de suivre le programme pris par le Comité central au Comité de l'Alliance républicaine, messieurs les Conseillers bourgeois vont suivre à la lettre le programme opportuniste du Comité central conservateur. Il n'y a qu'un seul article qu'ils n'exécuteront pas, qu'ils n'oseront pas exécuter, c'est le remplacement des instituteurs laïques par des instituteurs congréganistes ; mais ils se garderont bien de supprimer de nos écoles les cathéchismes, les histoires saintes, etc.

Et maintenant, pauvres électeurs ! malheureux contribuables républicains ! trompés par de ridicules hâbleurs, ne pensant pas un mot de ce qu'ils vous disent, mais aspirant tous à manger au râtelier communal, s'ils n'y mangent déjà, comprendrez-vous, enfin, qu'on vous leurre, qu'on vous trompe ? Comprendrez-vous enfin, que l'argent qu'on vous arrache par des impôts iniques, chez l'épicier, le marchand de vin, le boucher, partout et toujours, n'est employé qu'à la satisfaction des appétits bourgeois ?

Ah ! sans doute vous finirez par le comprendre, en voyant à l'œuvre votre nouveau Conseil municipal, qui s'est affublé du bonnet phrygien pour mieux vous tromper. Vous l'auriez déjà compris, si la démocratie lyonnaise avait pour se défendre un journal républicain, vous dévoilant les turpitudes, les intrigues du Comité central bourgeois et les complots d'une presse vendue à la préfecture.

LE COMITÉ CENTRAL

Les républicains se souviennent qu'au mois de septembre, M. Andrieux est venu rendre visite aux *grands électeurs* du Comité central; quelques jours après, une nombreuse réunion privée eut lieu à la Croix-Rousse. Le but de cette réunion était de faire rentrer dans le Comité central tous les Comités, tous les groupes qui s'en étaient séparés, en le voyant devenir le Comité des conservateurs.

Cette manœuvre, dirigée contre le Comité de l'Alliance républicaine, qui, malgré ses défaites, inspire une terreur profonde aux opportunistes, échoua, grâce à l'énergie et à la perspicacité des vaillants citoyens qu'il renferme.

Le Comité central, devenu officiellement le Comité gouvernemental, a plus énergiquement que jamais continué la lutte contre le Comité de l'Alliance républicaine, auquel il vient encore d'infliger une défaite.

Il est vrai que ce dernier ne s'en porte pas plus mal. Par la valeur, par le nombre des citoyens qui le composent, par la force des principes qu'il représente, il est incomparablement au-dessus du Comité central, qui ne doit son influence qu'à l'argent des bourgeois et de la police, et ses victoires qu'au concours d'une presse vénale, trouvant profit à le soutenir, ou mieux à s'en servir.

Le Comité central fut, pendant ses premières années, un instrument de discipline et de force pour le parti républicain, auquel il rendit des services signalés; mais une partie de ses membres les plus influents a obtenu de l'administration des places qu'elle tient à conserver. Continuellement en éveil, elle a su maintenir sur les groupes et le Comité une autorité incontestée.

Une autre partie de ce Comité central n'occupe aucun emploi dans l'administration; mais elle est la plus redoutable pour la démocratie lyonnaise. Elle émarge largement au budget de notre police municipale, ayant à sa disposition la somme énorme de 1,400,000 fr., dont plus d'un tiers est employé, sans contrôle, en dépenses secrètes.

L'émargement ne se fait pas seulement au budget de notre police générale, l'actif successeur de Piétri, M. Andrieux, a de nombreux amis parmi nos concitoyens et le formidable budget dont il dispose n'est pas distribué, bien certainement, aux ennemis de son gouvernement.

Il est donc facile de comprendre comment et pourquoi les groupes républicains habilement travaillés ; comment le Comité central obéissent aveuglément aux ordres du gouvernement, auquel leur concours est absolument nécessaire pour maintenir la Commune de Lyon dans une dégradante servitude.

La classe dirigeante, qui, depuis longtemps, avait essayé de résister au Comité central, ayant compris, elle aussi, que toute résistance de front à ce Comité était et resterait impuissante, résolut de l'envahir. L'envahissement commencé après les élections législatives de 1877 a progressé d'une manière continue, mais principalement après l'élection Ballue. Il va continuer maintenant plus fort que jamais, et il arrivera qu'aux prochaines élections les quelques groupes exclusivement ouvriers, qui existent encore, seront complètement au pouvoir de la réaction et de la police. Ce sont ces groupes, déjà à moitié disloqués, mais encore redoutables, qui ont poussé MM. les bourgeois à faire quelques concessions lors des élections dernières. Mais dorénavant les concessions n'auront plus lieu, seules les candidatures bourgeoises, opportunistes, sages, modérées seront prises en considération.

MM. les dirigeants n'en resteront pas là. Voici ce que dit, dans son numéro du 9 janvier, le *Courrier de Lyon*. Ce journal chacun le sait, blâma jadis les princes d'Orléans de n'avoir point marché sur Paris, en 1848, à la tête des 90,000 hommes de l'armée d'Afrique, pour y noyer la République dans le sang. Naguère, après avoir servi les Ducros, les Pascal, il offrit de se vendre à l'Ordre moral pour 12,000 fr. Aujourd'hui, il est devenu le Grand Moniteur de la préfecture, c'est l'oracle du Comité central à tous les points de vues, il mérite qu'on lui prête attention :

« Souvent nous avons exposé les raisons de notre attitude à l'égard du Comité central républicain. Comme instrument d'opposition il a fait ses preuves ; comme moyen d'administration nous l'admirons moins……

« Le Comité subit directement l'influence des groupes. Si quelques groupes des faubourgs excentriques lui imposent des candidatures insuffisantes, il est désarmé par la résistance, et avec la meilleure volonté il ne peut qu'enregistrer les **choix indignes** qu'il déplore le plus.

« Il faudrait que les hommes intelligents, il faudrait que tous les bons citoyens s'occupassent de former de nouveaux groupes, afin de balancer les éléments démagogiques ; de les corriger par leurs incessantes fréquentations, d'instruire les ignorants et rendre meilleurs ceux qui sont encore passables.

« Cette réforme du Comité central s'opère lentement depuis peu d'années à la grande satisfaction des républicains de sens droit et de raison, soucieux de donner à la ville une représentation digne d'elle.

« C'est ainsi que s'explique l'amélioratiou progressive du parti républicain dans la qualité et l'intelligence de ses élus. »

Après cela, nos amis qui font encore partie du Comité central comprendront-ils où on les mène ? S'ils ne le comprennent pas, il faut vraiment qu'ils y mettent de la mauvaise volonté. Mais dans un avenir prochain, lorsque la réaction opportuno-monarchique sera complètement maîtresse de nos affaires communales, ne regretteront-ils pas d'être restés sourds aux conseils de leurs amis ?

Qui ne se sentirait déjà envahi par un sentiment d'amère tristesse, en remarquant que les conseillers municipaux les plus vaillants, qui, seuls, ont soutenu énergiquement le programme républicain communaliste du Comité central de 1878, ont été précisément ceux que ledit Comité a combattu avec le plus d'acharnement.

Louis Garel, dont le souvenir fait encore couler nos larmes, fut de ceux-là. Revenu de l'exil, où depuis dix ans il expiait son amour pour la République, il avait été élu conseiller en 1879.

Ceux qui douteraient du dévouement, de l'intelligence avec lesquels il remplissait son mandat, peuvent lire les procès-verbaux du Conseil et leur doute disparaîtra bien vite.

La veille de sa mort, il ne pouvait comprendre, lui, nature si aimante, si intelligente, l'ingratitude, pour ne pas dire la stupidité de ses concitoyens.

Voici les quelques lignes que notre ami Paul Leconte lui consacre dans le journal la *Vérité* :

LOUIS GAREL

« M. Charles Monselet s'occupe dans l'*Evènement* de la statue qu'on a l'intention d'élever à Lyon en l'honneur de Pierre Dupont.

« Si Lyon doit s'honorer en menant à bonne fin ce projet de réparation tardive, il lui siérait peut-être d'y associer un autre de ses enfants méconnus, dont la *Vérité* racontait hier ses funérailles, le poète Louis Garel, miné depuis quelque temps par la maladie et achevé par la disgrâce électorale qui venait de lui enlever, aux dernières élections municipales, le siège bien mérité qu'il occupait depuis son retour d'un exil aussi injuste que noblement supporté.

« Tempérament d'artiste et des plus affinés, âme de citoyen, Garel aima comme Dupont les champs, le travail, le peuple et la liberté. Il les a chantés comme lui, sinon avec la même puissance, au moins avec la même sincérité et avec une rare élégance de forme.

« Dans sa dernière œuvre, la *Sèvelée*, pleine d'air, de bourgeons et de fleurs comme la haie sauvage, dont son titre est la traduction rustique, la bucolique et l'idylle, la description pure, n'excluent pas l'essor vers la méditation philosophique et sociale.

« Non content de poursuivre ces généreuses synthèses, Louis Garel a concilié le culte de l'art et le dévouement à la démocratie autrement qu'en ses vers.

« Il n'a pas cru que sa dignité de poète l'empêchait de s'incliner devant les engagements contractés et il a estimé que son devoir d'honnête homme l'obligeait à remplir dans toute son étendue le mandat accepté, sans chercher à en atténuer par une périphrase quelconque, dans les mots ou dans les actes, le caractère rigoureusement impératif.

« C'est un crime que ses concitoyens ravisés, dans un avenir peut-être beaucoup plus rapproché qu'on ne pense, ne sauraient manquer de lui pardonner; et puisqu'ils ont décidé d'élever une statue à celui qu'on aurait pu honorer plus tôt et plus efficacement, en lui donnant du pain, ils feraient bien de choisir ce jour-là pour payer aussi leur tribut à ce pauvre Louis Garel, percé d'un trait si cruel sur son lit de mort par les prétendus athéniens de la coterie dominante ; ils feraient bien de mettre sous une forme quelconque auprès de l'image du maître, l'image du disciple. A coup sûr « Pierre » ne protesterait pas, et Garel l'a bien mérité.

« Paul Leconte. »

La *Vérité* a rendu hommage à la mémoire de notre cher Garel. Le *Progrès* de Lyon, qui avait l'audace de l'*afficher* parmi ses rédacteurs, a combattu sa candidature à outrance, et pas un seul de ces *Messieurs* n'a donné un dernier adieu à Garel ! !

LA PRESSE LYONNAISE

Le Comité central n'a pas obtenu, lui tout seul, la victoire dans nos élections municipales, il est certain que le Comité de l'Alliance l'eut battu haut la main, s'il avait eu, pour patronner ses candidats et combattre ses adversaires, le moindre petit journal républicain.

La cause de la défaite des républicains intransigeants par les opportunistes est incontestablement due à la puissance combinée de la grande et petite presse préfectorale. Tous nos journaux conservateurs et financiers, avides d'occuper les premières places dans les antichambres de la préfecture, ont combattu avec fureur, avec lâcheté leurs adversaires livrés sans défense à toutes leurs ignobles infamies, à toutes leurs effrontées calomnies.

Cette presse vénale, indigne, pouvait à elle seule faire les élections; car le Comité du centre n'est pour elle qu'un appui moral. Un avenir prochain montrera aux plus incrédules que cette presse préfectorale, n'osant plus s'appuyer sur un comité abandonné par tous les républicains et devenu exclusivement bourgeois, luttera sans lui, et seule fera nos élections municipales, législatives ou autres.

Les souteneurs de cette presse déshonorée par ses injures et ses lâchetés, presque tous transfuges, renégats, besogneux, sont descendus au-dessous de toute expression méprisable, et ce qu'il y a de plus étonnant, c'est que ces cyniques, voulant se donner des airs de bravoure, ont même poussé l'impudence et l'inconscience de leurs bassesse jusqu'à provoquer, en combat singulier, ceux qu'ils insultaient !

C'est ainsi qu'on voit toujours toute trace de sens moral s'oblitérer chez les personnes vivant dans un milieu d'intrigues, de ruses et d'hypocrisie.

Voici ce qu'on lit dans le numéro du 11 janvier du *Mot d'Ordre* :

Lyon. — *Protestation contre la Presse lyonnaise.*

« Après le maître, les valets. Paris avait ses petits papiers, Lyon aura désormais les compromissions cléricales, avec cette différence, qu'il ne s'est trouvé qu'un seul journal de Paris pour applaudir de pareilles insanités, tandis que la presse opportuniste lyonnaise est unanime pour calomnier les républicains avancés.

« En effet, depuis que la période électorale est ouverte, il ne se passe pas de jour sans qu'il surgisse une nouvelle infamie.

« Les journaux opportunistes, ne se trouvant pas, paraît-il, suffisamment armés pour nous combattre, en ayant à leur disposition la préfecture, les gendarmes, la police avec sa cohorte de mouchards, ils ont recours au mensonge et à l'imposture. Un semblable acharnement contre les républicains indépendants nous a engagés à jeter un coup d'œil rétrospectif sur le passé politique de ces plumitifs sans vergogne, qui osent s'ériger en contrôleurs de principes et en directeurs du suffrage universel ; qui déversent quotidiennement l'injure sur un parti qui n'en est plus à faire ses preuves de dévouement à la République.

« Voici le résultat de nos investigations, et nous les mettons au défi de s'inscrire en faux contre nos affirmations.

« Adrien Duvand, rédacteur en chef du *Petit Lyonnais* est un ancien rédacteur du *Courrier de Lyon*, lorsque cet organe était encore bonapartiste et clérical, ami intime de Georges Puissant, le mouchard, exécuté naguère par toute la presse parisienne ;

protecteur de Valadier, qui, dans la *Comédie politique*, diffamait les meilleurs républicains ; fidèle commis à Lyon de la Société fermière, peuplée de bonapartistes.

« M. Duvand est en outre le promoteur de la fameuse percée de la place des Cordeliers aux bureaux du *Petit Lyonnais*.

« Sabatier, dit Barthens, du *Courrier de Lyon*, n'a jamais collaboré qu'à des journaux réactionnaires, a voulu se vendre lui et le journal qu'il rédige pour mille francs par mois à M. Chabaud-Latour, ministre du 16 Mai.

« Lucien Jantet, du *Lyon républicain*, a baptisé des cloches à Hauteville en compagnie de Mme Chanoine. Calomniateur par goût autant que par profession, a encore la joue chaude du soufflet que lui octroya jadis le député Ordinaire, et plus tard un républicain bien connu de notre ville.

« Charles Mengin, du *Progrès*, change de politique comme de chemises, a écrit des articles en faveur de la Compagnie bonapartiste Delahante, lors de la concession des tramways, ne s'est jamais expliqué sur les motifs qui l'ont empêché de continuer sa campagne pour l'épuration du personnel administratif. A sollicité de la préfecture le poste de directeur de la Censure.

« Tony Loup, du *Progrès*, auteur par ses bavardages enfantins des poursuites intentées à la permanence du Comité central sous le proconsulat Ducros, l'homme-lige à Lyon du préfet de police Andrieux, l'ami de tout le monde et l'ennemi de chacun.

« Abel Peyrouton, du *Progrès*, ancien partisan de la Commune, renégat et transfuge, attaque aujourd'hui la mémoire de Blanqui, dont il s'est fait le plat courtisan lors de son passage à Lyon, doit sa grâce à l'intervention des bonapartistes et plus particulièrement à M. Delahante.

« Chéron, du *Progrès*, croquemitaine politique pour le moment, ignorant comme tous les orgueilleux, prétendant néanmoins tout connaître, tout savoir, a fait tous les métiers et n'en connaît aucun ; il a été, dit-il, à qui veut l'entendre, tour à tour maître nageur, maître de danse, professeur d'escrime, ingénieur, maître de postes, conducteur de diligences, bronzier, professeur de canne et de chausson, professeur de tambour, en ce moment conseiller municipal, n'ose pas se représenter dans sa section, parce que ses électeurs savent qu'il s'est toujours fait le complaisant servile de la préfecture.

« Voilà, citoyens, rapidement esquissés, les titres à votre confiance de ces rédacteurs, indignes du nom d'écrivains. Ce sont de pareils hommes qui nous salissent journellement ; qui osent nous accuser de faire alliance avec les cléricaux ; nous comptons sur vous pour venger cette offense : vous saurez discerner quels sont les plus susceptibles de s'allier à nos ennemis, des journalistes tarés que nous venons de dépeindre, ou des travailleurs comme nous, qui gagnons notre vie à la sueur de notre front, élevons péniblement nos enfants et prélevons sur notre repos les heures nécessaires à la propagande républicaine.

« Nous attendons votre verdict avec confiance, et quel qu'il soit, nous saurons puiser dans la satisfaction du devoir accompli, de nouvelles forces pour les luttes suprêmes que l'avenir nous réserve.

« Vive la République !

« *Signataires* : CLAVEL aîné, CHAIX aîné, DUPERAY, ROTHE dit Baron, BATON, Charles RÉVILLON, ROLLAND, CLAVEL jeune, JANIN, J.-M. GENEST aîné. »

Qui le croirait ? ce sont ces particuliers qui, pour gagner quelque argent, ont pendant huit jours jeté, sur des adversaires politiques désarmés, leur venin et, s'ils n'avaient écouté que leur audace, si la police correctionnelle ne leur avait inspiré une crainte salutaire, ils nous auraient sans doute traités de communalistes payés par la police, vendus, jadis, pour une grosse somme à M. Chabaud-Latour, ministre de l'Ordre moral ; ils auraient écrit que les intransigeants, les socialistes avaient mendié à M. Levaillant une place dans sa police et n'étaient que des protégés du bonapartiste Delahante et qu'après avoir reçu Blanqui chez nous, à notre table, l'avoir comblé de prévenances et d'amitié, nous l'avions traîné dans la boue et lui avions donné le *coup de pied de l'âne*. Ils n'ont pas écrit cela, mais ils les ont appelés lâches, menteurs, perturbateurs, fous, brouillons, vendus au cléricalisme ; ce qui a réussi au-delà des espérances de la préfecture et de la police de M. Andrieux, le souteneur d'Albert Richard, en 1870.

Si les candidats réactionnaires ont triomphé, si la masse des électeurs a préféré les candidats bourgeois aux intransigeants, aux communalistes, cela n'est point dû à l'influence du Comité central seul, envahi par la bourgeoisie et déconsidéré au yeux de tout républicain sincère, mais bien à cette presse servile, qui n'a pas même le courage de s'appeler opportuniste, et qui a jeté pendant huit jours, le trouble dans les intelligences, persuadant à nombre de républicains que Loyola était à nos portes et que nous, républicains socialistes, étions prêts à égorger la République !

Les électeurs ignorants et crédules, ne pouvant se rendre compte de cette étrange campagne électorale, ainsi menée et dirigée par l'opportunisme aux abois, se sont laissés conduire au scrutin pour donner la victoire à la bourgeoisie.

Et maintenant que le tour est fait, nous allons voir la classe dirigeante, les protégés de cette presse sans nom, administrer nos affaires, se servir de nos libertés communales, absolument comme les Commissions municipales, d'odieuse mémoire.

CLASSIFICATION DE NOTRE CONSEIL MUNICIPAL BOURGEOIS

Quelques jours avant nos élections, a paru une brochure remarquable à plusieurs points de vue. Elle énumérait avec clarté et impartialité les votes principaux du Conseil municipal élu en 1878.

Nos journaux opportunistes ont poussé les hauts cris. Ils ont traité la brochure d'infâme libelle, d'ignoble factum. Tout le vocabulaire poissard a été mis à contribution par les besogneux de cette presse préfectorale.

Cependant ils n'ont pu opposer un seul chiffre, n'ont pu relever aucune erreur dans cet écrit qui, en réalité, n'était que l'extrait véridique, incontestable des procès-verbaux du Conseil. Et ce n'est point leur faute, s'ils n'ont pu découvrir quelque petite erreur de chiffre, car la police avait mis toutes ses grâces à faciliter leurs recherches.

La classification du Conseil y était donnée d'après un pointage rigoureux de tous les votes principaux émis depuis trois ans. Aujourd'hui, avant d'avoir vu notre nouveau Conseil municipal à l'œuvre, il serait utile de faire sa classification. Si l'on s'en rapportait aux dires des affiches du Comité central et des journaux de la police, voici comment on devrait l'établir :

Deux collectivistes ;

Deux cléricaux ;

Trente-trois républicains radicaux ayant signé un programme communaliste, socialiste.

Mais combien il en faudra rabattre de ces républicains, radicaux à la manière des Mandrin, des Barthens, des Peyrouton, des Duvand, et des Lucien Jantet !

Voici comment ils doivent être classés provisoirement et au fur et à mesure de leurs votes, nous modifierons, s'il y a lieu, cette classification :

Communalistes, trois.

Opportunistes, cinq.

Francs-maçons, sept.

Fonctionnaires publics, cinq.

Orléanistes, cinq.

Clérico-monarchistes, dix.

Bonapartiste-clérical, un.

Si, dès aujourd'hui, nous ajoutions à ces adjectifs les noms de nos Ediles, quel concert d'objurgations nous soulèverions ! Nous attendrons, pour donner cette classification, les votes de notre conseil municipal bourgeois.

VIGILANCE

Le Comité de l'Alliance républicaine n'a que deux de ses candidats au Conseil, mais par sa vigilance, par son action continue sur eux, il peut leur faire prendre une influence décisive sur la marche politique et les votes de ce Conseil municipal. Il doit tout d'abord exiger d'eux qu'ils déposent sur le bureau du Conseil les trois propositions suivantes : 1° Création d'un service sténographique, afin que la population soit rapidement et complètement renseignée sur les délibérations du Conseil ; 2° La liste de tous les rapports déposés sur le bureau du Conseil sera immédiatement publiée, afin que les électeurs puissent avoir le temps d'étudier ceux qui les intéressent ; 3° L'ordre du jour pour la discussion de ces rapports sera transmis à tous les journaux de la localité, afin que les électeurs puissent intervenir auprès de leurs mandataires, pour en faire rejeter ou appuyer les conclusions.

L'article 10 de la loi du 5 mai 1855 dit : « Tout contribuable a droit de demander communication ou prendre copie des délibérations du Conseil de sa commune. » Cela ne suffit pas, il faut que les électeurs puissent ordonner à leurs mandataires de rejeter ou d'appuyer les projets de délibération.

Tous les membres du Conseil municipal, même les clérico-monarchistes, ont promis de demander la publicité des séances. Ils ne peuvent donc moins faire que de voter ces propositions qui sont légales et sont un acheminement vers la loi qui rendra obligatoire la publicité des séances.

Et maintenant c'est aux membres du Comité de l'Alliance républicaine, aux Commissions électorales des Travailleurs de rester vigilants, à retenir toutes les palinodies, toutes les fautes, toutes les trahisons de leurs déloyaux adversaires.

Mais qu'ils le sachent bien, ils auront beau organiser des réunions publiques, ils ne succomberont pas moins, comme ils ont déjà succombé dans nos luttes électorales, s'ils n'ont, pour les aider, un journal républicain.

Comment pourrait-il en être autrement, lorsque contre les candidats républicains socialistes 40,000 numéros de journaux ennemis déversent, chaque jour, l'injure, la calomnie? C'est là une artillerie d'un nouveau genre, exploitée avec une habileté sans pareille par l'opportunisme, qu'il serait pénible, sinon impossible d'affronter encore, si l'on n'avait rien pour la combattre.

Oui, il faut que les républicains le comprennent enfin, pour soutenir une nouvelle bataille électorale ; pour faire triompher nos principes et remporter une victoire facile et éclatante sur le Comité bourgeois, sur une presse infâme, un seul moyen leur reste : **créer un journal républicain.**

9.951   42451CB00013B/3032   [208642310]

www.ingramcontent.com/pod-product-compliance
Lightning Source LLC
Chambersburg PA
CBHW070536050426
42451CB00013B/3032